LES
PEUPLES SANS ARMES

PLUS FORTS QU'AVEC DES ARMES

CONSÉQUENCE DU PROBLÈME SOCIAL RÉSOLU

ET DU SAUVEUR DE L'HUMANITÉ

PAR

SCAILLETTE DIT VICTORIEN

Auteur de la Nouvelle Lumière, vol. in-8°; de la Pierre philosophale; de la Clef du Bonheur; du Pouvoir expirant; du Paradis sur terre; du Triomphe de la Liberté; l'Ami du genre humain; la Conversion de la Rente; le Mouvement perpétuel; la Réforme électorale; le Progrès de l'Esprit; la Révolution morale; le Droit de l'homme; la Force de la Raison; il n'y a pas d'Usurier dans Paris; et la Régénération sociale.

Chaque brochure : 25 cent.

LES OEUVRES COMPLÈTES, PRIX : 7 FR. 50 CENT.

PARIS
CHEZ L'AUTEUR, RUE DU BAC, 23

29 JANVIER 1849.

AVIS.

Ces ouvrages ont eu pour résultats :

La suppression de la *Loterie* et des maisons de *Jeux* ;

La *Réforme* électorale publiée en 1839 ;

La suppression du *vote secret* (voyez les articles 439 et suivants du Progrès de l'Esprit, et 496 et suivants de la Révolution morale);

Plus, cette *justice* divine proclamée par le Grand-Turc (voyez la Révolution morale);

Les intérêts du *Mont-de-Piété* réduits de moitié (voyez il n'y a pas d'Usurier dans Paris) ;

Dieu n'est plus un mystère (voyez les articles 919, 1026 de la Nouvelle Lumière ; 1497 de la Clef du Bonheur ; 1510, 1511, 1622 et 1678 du Pouvoir expirant; 100 du Paradis sur terre, et 422 du progrès de l'Esprit).

Plus, cette justice sans Bourse délier (voyez l'article 81 de la Constitution, et l'article 885 du Droit de l'Homme, et les articles 151 et 176 du Sauveur de l'humanité).

NOTA.

Les mots en lettres italiques renvoient à la table de la Nouvelle Lumière *et au sommaire du* Problème social résolu.

Paris.--Imprimerie Bonaventure et Dueessois, 55, quai des Augustins.

LES
PEUPLES SANS ARMES

188

Que faut-il faire pour rendre les *peuples* plus riches, plus libres, meilleurs et plus heureux, sans avoir recours à la force brutale, ni aux geôliers, ni aux bourreaux, et sans nuire à qui que ce soit?

Il suffit de ne prélever que tout juste pour payer les dépenses utiles de l'État; mais comme l'abus du pouvoir s'y oppose avec la force brutale et avec le superflu de l'argent qui corrompt tout, et qu'il tombe de lui-même par le refus de l'impôt, que faut-il faire pour rétablir l'ordre sans répandre de sang? Il faut que les gens de bien fassent cause commune pour éclairer les peuples à ce sujet, et si le pouvoir s'oppose à la réunion des gens de bien qui travaillent au bonheur des peuples sans aucune espèce d'intérêt que celui d'être utile à l'humanité souffrante, il faut dire : Aux grands maux les grands remèdes, et poursuivons notre œuvre.

189

La politique est une affaire d'argent; mais

comme le superflu de l'argent corrompt tout, et que l'abus du pouvoir ne peut se maintenir qu'en payant la moitié du monde pour surveiller et combattre l'autre, parce qu'il tomberait de lui-même et pour toujours, faute d'argent pour payer ses complices, en ne lui donnant que tout juste pour payer les dépenses utiles d'État,

Pour savoir si les *impôts* rapportent plus à ceux qui gouvernent que s'ils étaient les propriétaires du royaume, il faut poser en principe que l'on ne peut acquérir que des produits de la terre.

Or, supposons seulement vingt sous par jour de dépense par personne, parce qu'il y a des enfants et des pauvres qui dépensent moins, et des travailleurs, des marchands, des rentiers, des propriétaires, des riches et des rogneurs de budget qui dépensent plus, c'est 35 millions par jour, et plus de 12 milliards par an, dont le sixième d'impôts qui frappe sur le revenu des terres, fait 2 milliards, et beaucoup plus que le plus fort des budgets.

Or, où passe le sixième d'impôts qui frappe sur les maisons? où passe le dixième des frais de vente, où il suffit de vendre une propriété dix fois pour qu'elle double de prix? où passe le droit d'entrée en France? où passe le droit d'entrée dans les grandes villes où on prélève souvent plus d'impôts que la valeur de la marchandise? où passent les dons patriotiques, les patentes, les brevets d'invention, les permis de pêche et de chasse, les impôts sur les voitures et les chemins de fer, les amendes en tout genre, les frais de justice où l'on change presque toujours du bon argent contre du mauvais, soit qu'on perde ou qu'on gagne son procès? où passent les 30 pour 0/0 de retenue sur des services rendus à l'État? où passent les 45 centimes et le droit de battre monnaie avec du papier pour doubler la dette publique et les impôts, puisque c'est pour cette raison que l'on paye un litre de vin de deux sous, douze sous; une livre de sel de deux liards, cinq et huit sous, et une livre de tabac de six sous, quatre et six francs, qui fait cinq fois, quinze fois, et dix-neuf fois plus d'impôts que la valeur de la marchandise?

Mais, comme le sixième d'impôts qui frappe sur le revenu des terres est plus que suffisant pour payer toutes les dépenses utiles de l'Etat, et que cela ne suffit pas aux rogneurs de budget, parce qu'assez n'est jamais assez, refusez l'impôt, et affichez le cadastre de chaque commune et ses dépenses, on ne poura plus détourner un centime sans qu'on le sache.

190

Vous qui avez fait de belles *promesses* pour arriver au pouvoir et remplir vos poches, vous qui avez dit bien haut : Conservez vos armes pour la défense de vos droits, qu'avez-vous fait depuis que vous êtes au pouvoir? Vous n'avez résolu aucune question politique ni sociale, vous avez retardé les premières élections pendant deux mois, pour avoir le temps de distribuer les places et pour disposer d'un budget embrouillé et sans contrôle.

Vous avez compromis Dupont de l'Eure et Lamartine, en abolissant la contrainte par corps, qui a ruiné le plus grand nombre, et qui a détruit la confiance sans laquelle pas de commerce ni de travaux; vous avez créé des assignats sous prétexte de venir au secours du commerce et des travailleurs, tandis que c'était les mettre dans la nécessité de vous servir, soit pour des places ou de l'argent, en doublant la dette publique et les impôts; car du jour que la contrainte par corps fut abolie, rappelez-vous que la rente et les chemins de fer sont tombés de moitié, que le trésor n'a plus payé qu'avec des assignats. La banque n'a plus remboursé ses billets; les caisses, les banquiers, les débiteurs, les marchands et les locataires ont mis la clé sous la porte, parce qu'on ne paie plus dès l'instant que les rogneurs de budget et les faiseurs de dupes sont inviolables et sacrés; et pour comble, vous avez fait main basse sur la Caisse d'Epargne, dépôt sacré des travailleurs, et loin d'aller au secours de nos frères qui se battent pour la défense de nos droits, vous combattez l'indépendance et vous organisez la guerre civile, en laissant faire des barricades pendant quinze heures pour les enlever à la baïonnette quand elles furent construites d'une manière imprenable, et cela pour arriver à la dictature, et au désarmement, par la raison que vous ne pouviez plus exploiter les peuples à votre profit, en présence de la souveraineté nationale armée pour la défense de ses droits.

Mais comme la vérité n'est contraire qu'au coupable, vous avez bâillonné la presse pour gouverner par la terreur, et pour proscrire et condamner aux galères à perpétuité des hommes qui ont fusillé leurs camarades pour avoir pillé, et qui ont écrit sur leurs drapeaux : Mort aux voleurs.

191

Maintenant, vous ne désirez qu'une chose ; cette chose, c'est le bien de tout le monde : or, qu'en ferez-vous, puisqu'il n'y a ni bonheur ni bien réel sur la terre, et qu'on éprouve le plus grand des supplices quand on a contre soi l'*indignation* publique, qui ne plaisante que tout juste ; mais comme on peut revenir de ses erreurs, et qu'il est toujours temps de faire le bien, rappelez-vous que la force qui fait la vertu du matin est souvent faible et criminelle le soir, et que le peuple sans armes est plus fort qu'avec des armes, puisque l'abus du pouvoir tombe de lui-même, soit par le refus de l'impôt, ou en ne lui-

donnant que tout juste pour payer les dépenses utiles de l'Etat.

192

Il y a quatre sortes de *contribuables*. D'une part, les propriétaires et marchands qui louent et vendent dans les proportions qu'ils achètent, dans les proportions des impôts qu'ils payent, et dans les proportions des chances de pertes; et de l'autre, les petits rentiers et les travailleurs qui payent pour ainsi dire toutes les dépenses de l'Etat.

Or, il y a trois intérêts différents, le peuple qui paye, l'aristocratie bourgeoise qui débourse, et l'abus du pouvoir, la bureaucratie et la force brutale qui reçoit.

Mais comme les malheureux qui payent et qui souffrent ont toujours été exploités par ceux qui les gouvernent, et que c'est une vertu que de s'opposer à l'abus du pouvoir, on comprend pourquoi la garde nationale protége moins le crime que la vertu.

Mais comme la vertu devrait être sans pitié pour le crime, et que le crime vainqueur devrait respecter la vertu, pourquoi fait-on le contraire? Parce que la cruauté est le vice du lâche; car, si la défense de ses droits et de sa patrie est une vertu, on comprend pourquoi le grand homme retirait son chapeau en disant : *Honneur aux blessés et aux prisonniers vaincus.*

193

Voulez-vous faire une économie de 500 millions, tout en évitant deux forces et deux intérêts contraires? Accordez le maximum de la retraite à tous les officiers, comme on a fait pour le licenciement de l'armée de la Loire, et faites rentrer la troupe dans ses foyers pour faire partie de la garde nationale bien organisée, composée de huit millions d'âmes, comme on a amalgamé la ligne avec les volontaires en 93. Qui oserait causer le désordre, et qui oserait nous attaquer avec un million de gardes mobiles qui ne seraient payés qu'en cas d'attaque, et qui auraient derrière eux sept millions de baïonnettes, dont l'union ferait la *force* physique et morale?

194

Il y a quatre degrés de *bon sens* bien marqués. Le pauvre d'esprit qui ne peut tromper les autres sans se tromper; le sens commun qui n'ose combattre ni flatter notre orgueil et notre intérêt personnel contraire à tout le monde, et l'honnête homme qui combat nos défauts sans indiquer les moyens de faire mieux; mais celui dont on ne parle pas souvent, c'est la force du bon sens qui combat les préjugés des peuples et les crimes de ceux qui les gouvernent, en proclamant où le mal commence et finit.

195

En fait de mandataire du peuple, quel est celui qui oserait se dire plus juste, plus éloquent, et plus savant que Lamartine?

Mais comme *Lamartine* fut appelé à la tribune pour définir la République, la Liberté, l'Egalité et la Fraternité, et qu'il a déclaré franchement son impuissance à ce sujet, dès l'instant que nos mandataires ne peuvent résoudre aucune question politique ni sociale, on comprend un deuxième président pour les résoudre à coups de canon, puisqu'il ne peut être qu'un roi, un dictateur ou un empereur.

Mais comme la République et la fraternité ne sont que les conséquences de la liberté bien comprise, quels sont les hommes qui ont défini la liberté? Personne.

Mais comme toutes nos actions sont bien ou mal, et qu'on ne peut permettre de faire le mal sous peine de guerre civile, la liberté consiste à faire le bien et à faire ce que l'on veut quand cela ne nuit à personne, sauf le châtiment réservé aux coupables.

La liberté, c'est cette justice divine et humaine sans bourse délier et sans passe-droit, chose qui n'a jamais eu lieu depuis que le monde existe. La liberté, ce sont les échanges de bons offices qui font trouver le bonheur sans qu'il en coûte; c'est le juste qui n'est nulle part et qui tient lieu de tout.

Mais comme il ne peut y avoir égalité de richesse et de grandeur, parce qu'il n'y a pas égalité de probité, de courage ni d'esprit, l'égalité est une chimère ; seulement, le superflu doit servir pour encourager la vertu.

196

Il y a un *principe* unique sans lequel il n'y a ni société, ni gouvernement, ni bonheur, ni bien réel sur la terre ; ce principe, c'est le juste qui tient lieu de tout ; c'est la liberté que tout le monde réclame, et qui est repoussée du plus grand nombre ; on la réclame parce qu'on ne fait rien que pour son bonheur ; on n'en veut pas parce qu'on ne fait rien que par orgueil, par intérêt et par jalousie contraire à tout le monde.

197

Les peuples et ceux qui les gouvernent n'ont jamais rien défini avec la *force brutale,* ni avec nos mauvaises lois tirées des intérêts différents. Seulement, c'est que le peuple n'arme son bras que pour la défense de son bien, de ses droits et de sa patrie, tandis que l'abus du pouvoir ne crie aux armes que pour travailler à la ruine et à la destruction des peuples avec les deniers publics.

198

On sait que les Turcs ne peuvent vendre à fausse mesure ni à faux poids, sous peine d'être pendus ou brûlés. Mais comme c'est pour cette raison qu'ils détruisent moins de monde en dix ans que nous en un jour, soit par le bon exemple ou par la crainte de subir le plus grand des supplices, les Turcs sont plus libres et plus humains que les Français, puisqu'il ne faut pas de serrure avec la liberté.

Or, que faut-il faire pour être libre et pour rétablir l'ordre et la confiance sans avoir recours à la force brutale, ni aux geôliers, ni aux bourreaux?

Il suffit de ne plus payer sans compter, car si l'abus du pouvoir tombe de lui-même et pour toujours, en ne lui donnant que tout juste pour payer les dépenses utiles de l'Etat, délivrez des *cartes* de sûreté à tout le monde, et proclamez à l'instant même que quiconque fera abus de son pouvoir, quiconque fera un abus de confiance ou une escroquerie, sera rayé des contrôles de citoyens ; or, personne ne pouvant se présenter nulle part sans sa carte, quel est l'homme qui oserait faire abus de son pouvoir ou tromper le public, pour être en quelque sorte rayé de la liste des vivants?

Mais comme cela ne convient guère aux rogneurs de budget, parce qu'ils ont supprimé l'art. 1er, principe de Jésus républicain par excéllence, et l'art. 22 de la Constitution qui pouvait rétablir la confiance sans laquelle pas de commerce ni de travaux, que feraient-ils si le communiste, qui ne peut arriver au partage des biens que par les incendies, affichait sur toutes les portes que quiconque paiera l'impôt du sang et de l'argent, quiconque fera abus de son pouvoir, quiconque fera un abus de confiance ou une escroquerie, et quiconque violera le droit de propriété et dénoncera la vertu qui s'oppose à l'abus du pouvoir, sera pendu ou brûlé, soit dans sa maison, soit dans son château ou dans son palais, puisque toutes les baïonnettes du monde ne pourraient s'opposer à celui qui met le feu?

Mais comme il n'y a pas un homme qui oserait s'opposer à la souveraineté du peuple pour subir le plus grand des supplices, et qu'il est probable qu'il n'y aurait ni pendu ni brûlé, on verrait disparaître l'abus du pouvoir, et on verrait renaître la confiance, sans laquelle on ne peut rien faire.

199

Savez-vous pourquoi on ne trouve pas un homme pour *proclamer* où le mal commence et finit? Parce qu'on ne peut travailler au bonheur de l'humanité qu'en combattant les préjugés des peuples, et les crimes de ceux qui les gouvernent, et qu'il est dangereux de lutter contre tout le monde, quand on prend la licence pour la liberté.

200

Pour avoir une idée combien l'orgueil de dominer est plus fort que l'intérêt, c'est que nos souverains maîtres sacrifient tout ce qu'ils possèdent, et qu'ils ont recours aux incendies et font construire des bastilles pour bombarder leur capitale, et font une boucherie des contribuables pour conserver leur diadème.

Tandis que la *gloire* se sacrifie pour sauver tout le monde, c'est la capote grise qui va mourir sur un rocher brûlant pour sauver sa patrie et pour épargner le sang de ses sujets.

201

Prouver qu'il n'y a pas d'*usuriers* dans les grandes villes, indiquer où le mal commence et finit, convertir les plus mauvais sujets sans avoir recours à la force brutale, ni aux geôliers, ni aux bourreaux ; proclamer que les peuples sans armes sont plus forts qu'avec des armes, et prouver que Dieu n'est plus un mystère, en voilà plus qu'il n'en faut pour crier : Charenton, ouvrez vos portes !

Mais, comme on ne peut fixer le taux de l'argent quand les chances des pertes sont incalculables, l'abus du pouvoir tombant de lui-même en ne lui donnant que tout juste, et nul ne pouvant faire le mal en délivrant des cartes de sûreté à tout le monde. Voyez *le Créateur de toutes choses, et les intérêts du Mont-de-piété réduits de moitié*.

202

Quatre *forces* gouvernent le monde : la force brutale, comme les bêtes féroces ; la force du bavardage, de la ruse et de l'imposture ; la force de l'argent, qui corrompt tout ; et la force de la vérité, qui se borne à montrer le mal comme des médecins sans remèdes.

Mais celle dont on ne parle pas souvent, c'est cette vérité et cette force morale qui proclame où le mal commence et finit, et qui est plus forte que tout le monde.

203

Il n'y a que deux sortes d'*hommes*, à moins que d'en trouver un qui ne soit ni honnête homme ni fripon.

Mais comme il y a dans chaque parti des floueurs et des floués, et qu'il n'y a ni l'un ni l'autre entre gens de bien, les honnêtes gens ne sont du parti de personne et sont plus forts que tout le monde, par la raison qu'on ne peut se dire l'ennemi des gens de bien, sous peine de se faire voir tel que l'on est.

204

Le *pauvre* ressemble aux riches, avec cette différence que les malheureux se plaignent et se soulagent réciproquement, et que les plus riches et les plus savants sont jaloux les uns des autres, et se craignent et se maudissent.

Le pauvre s'incline devant un habit brossé, et même sans le connaître, et le riche ne s'incline jamais devant un malheureux, quand même il le connaîtrait, fût-il le plus juste et le plus capable des hommes.

Le pauvre se sacrifie pour sauver tout le monde; et le riche, qui ne se sacrifie pour sauver personne , sacrifierait tout le monde pour se sauver.

Le malheureux qui trouve des objets d'une grande valeur les rapporte souvent à son maître; le riche les garde pour lui, parce qu'assez n'est jamais assez.

Le pauvre paie l'impôt du sang et de l'argent, et le riche, qui se fait remplacer pour quelques écus, ne paie ni l'un ni l'autre.

Le soldat s'exposera pour sauver son général; mais un général ne s'exposera pas pour sauver un soldat.

Mais comme le malheureux qui prend pour vivre, les malheureux mêmes sont prêts à l'étran‑ gler, la question est de savoir si nos mandataires ont fusillé des rogneurs de budget, ou s'ils ont écrit sur leur drapeau : Mort aux voleurs des de‑ niers publics !

205

Les peuples ressemblent à ce *paralytique* aveu‑ gle qui recherche un honnête homme pour gérer son bien ; mais comme il ne peut fixer son choix que sur des on dit, et qu'il ne peut exercer par lui-même aucun contrôle : tels sont les peuples, qui paient sans compter, et qui se passionnent pour les candidats qui flattent leur orgueil et leur intérêt personnel, contraire à tout le monde.

206

Le refus de l'*impôt* n'est pas le refus de payer, au contraire ; c'est le seul moyen pour arriver à ne donner que tout juste pour payer les dépenses utiles de l'État, et le seul moyen de renverser l'abus du pouvoir et pour toujours, sans brûler une amorce, comme c'est le seul moyen d'anéantir les solliciteurs, les partis contraires, l'anarchie, les révolutions, et l'envie d'arriver au pouvoir pour remplir ses poches.

207

Soit pour les peuples comme pour ceux qui les gouvernent, ou, entre nous, les hommes sont comme les jolies femmes : on en fait ce que l'on veut en flattant leur orgueil et leur intérêt ; mais comme on ne les *flatte* que pour mieux les tromper, parce qu'un honnête homme, un bon père et un véritable ami, jamais sur nos fautes ne nous laissent tranquilles, savez-vous pourquoi on ne veut pas des hommes qui trompent, et encore moins de ceux qui ne trompent pas? parce que les fripons sont contraires à tout le monde, et que les gens de bien sont contraires à l'orgueil, qui est plus fort que l'intérêt.

208

On se *défie* de tout le monde quand on ne peut compter sur personne ; seulement c'est que l'orgueil qui se défie de tout le monde ne veut pas qu'on se défie de lui. Mais l'homme sur lequel on pourrait compter comme sur soi-même est celui qui proclame ou qui approuve les moyens de ne

donner que tout juste et les moyens de rétablir la
confiance.

209

Pourquoi dit-on que les *socialistes* sont la
cause du mal? parce que le communisme est ab-
surde comme les utopies de Louis Blanc, et que
les fouriéristes sont des médecins sans remèdes ;
puisqu'on ne peut arriver à un résultat satisfai-
sant, ni rétablir la confiance, ni résoudre aucune
question politique ni sociale, sans un principe de
moralité, et sans proclamer les moyens de ne donner que tout juste.

210

La vertu poursuit le crime, et le crime, par
vengeance ou pour des places ou de l'argent,
poursuit la vertu. Mais comme le mal est contraire à tout le monde et que le juste n'est contraire qu'aux coupables, le bien doit triompher,
puisqu'il n'est contraire à personne, quand on
proclame où le mal commence et finit.

211

Les *peuples* sont comme ceux qui les gouvernent, avec cette différence que les mandataires
savent fort bien que l'on fait ce que l'on veut des
peuples quand on les flagorne, et que les peuples
ne savent pas que l'on fait ce que l'on veut de
l'abus du pouvoir en serrant les cordons de sa
bourse.

212

Que penser de ces beaux diseurs qui veulent l'égalité des biens et des salaires, lorsqu'il n'y a pas égalité de probité, de courage ni d'esprit?

Et que penser des cerveaux brûlés qui veulent détruire la *concurrence* qui est immortelle, et qui fait le juste et la liberté bien entendue.

Car supposons que trente ouvriers du même état se disent : on nous donne 5 fr. pour faire un objet que l'on vend 6 fr.: si nous le faisions entre nous, nous gagnerions le double; jusque là c'est très-juste; je dirai plus, c'est un droit; mais pour enlever la clientèle des maîtres il faut donner l'objet à 5 fr., et comme on ne peut s'opposer à ce que trente autres le donnent à 4 fr., par le même principe, arrivent trente autres; vous voilà réduit à vos 3 fr. et vous avez doublé et triplé la concurrence, pour avoir pratiqué les utopies de Louis Blanc et compagnie.

213

Défiez-vous des hommes qui ne parlent jamais des causes des malheurs de la France, ni des moyens de ne donner que tout juste, ni des moyens de rétablir la confiance, puisque l'abolition de la contrainte par corps tolère les fripons, et qu'on ne peut plus faire abus de son pouvoir, ni se vendre, ni tromper le public quand on délivre des cartes de sûreté à tout le monde, et quand on ne peut plus détourner un centime sans qu'on le sache.

214

Pourquoi paye-t-on plus d'impôts que la valeur de la marchandise? Est-ce pour payer la force brutale qui fait naître le droit de conquête et la guerre civile? Est-ce pour payer la justice qui condamne la vertu pour sauver le crime? Est-ce pour armer nos enfants contre nous? Est-ce pour engraisser les rogneurs de budgets qui ne peuvent résoudre aucune question politique ni sociale?

Mais comme c'est un crime que de payer pour faire naître les partis différents, les *solliciteurs*, l'anarchie, les émeutes, et les révolutions par l'envie d'arriver au pouvoir pour remplir ses poches,

On ne peut éviter la guerre civile que par le refus de l'impôt, excepté le sixième qui frappe sur le revenu des terres, lequel est plus que suffisant pour payer toutes les dépenses utiles de l'État. (Hors de là pas de salut.)

215

Ce n'est pas la *République* qui est mauvaise, c'est l'ignorance qui fait le crime ; ce sont les peuples qui se passionnent pour un nom, un prestige et une illusion ; ce sont les solliciteurs qui sont jaloux les uns des autres et qui se craignent et se maudissent ; ce sont les électeurs qui payent sans compter, et qui recherchent les flagorneurs, et jamais les plus dignes pour gérer leur bien.

216

A quoi bon le *droit d'élire*, si vous faites d'un honnête homme un fripon, soit par l'envie d'arriver au pouvoir, soit pour reprendre son bien, ou pour remplir ses poches quand on paye sans compter?

217

Qui dit *républicain* dit juste et libre ; mais comme les quatre-vingt dix-neuf sur cent ne font rien que par orgueil, par intérêt et par jalousie contraire à tout le monde, et que la liberté c'est la gloire, l'intérêt général et l'émulation qui ne sont contraires à personne, rappelez-vous d'une chose, c'est qu'on ne peut renoncer à la République sans renoncer à sa liberté.

218

Le moyen de rendre les hommes plus heureux et meilleurs sans nuire à qui que ce soit, est une *action* incroyable aux yeux du plus grand nombre ; mais comme on ne croyait pas à la découverte de la boussole, de la poudre à canon, du ballon et de la vapeur, avant de les mettre en pratique, c'est un diamant brut d'une grande valeur, et qui n'est rien à nos yeux, par comparaison à un faux bijou dont l'éclat nous éblouit. C'est la vérité simple et sans détour, par comparaison à l'éloquence qui flatte notre orgueil et notre intérêt; ce sont les folies de Christophe Colomb avant la découverte de l'Amérique. Comme si Napoléon avait prédit tout ce qu'il a fait, le prenant pour un fou, il aurait été [gardé par de plus grands fous.

219

Consultez le *Sauveur* de l'humanité, qui a paru un mois avant la chute de Philippe, vous verrez que tout ce qu'il a prédit est arrivé; comme on peut prédire d'avance que vous serez débordés par la force morale, ou par la nécessité qui n'a pas de loi, c'est-à-dire par deux choses qui sont plus fortes que tout le monde. Je dirai plus, c'est que Paris sera brûlé par les bastilles, si on continue de payer sans compter. En effet, que penser de ces hommes de la cour des comptes, nommés et payés par le pouvoir, puisqu'il faut qu'ils signent en aveugles sous peine de perdre leur place?

220

Loin de se sauver à toutes jambes comme font les coupables, qui vous dit que, si *Philippe* avait prévu sa déchéance quatre heures avant qu'elle arrivât, il ne se serait pas retiré dans les forts avec sa troupe, pour dire à la capitale : **Si tu bouges, je te brûle?**

Et qui vous dit que Cavaignac n'aurait pas fait de même s'il avait eu le dessous?

Et qui vous dit que cela n'arrivera pas à la

première victoire des peuples remportée par la force des armes ?

Et qui vous dit que cela arriverait si on serrait les cordons de sa bourse ?

221

Comment se fait-il que les *représentants* sont inviolables et sacrés, lorsque le président est responsable de ses actions ? Parce que la vérité n'est contraire qu'aux coupables, et qu'on fait moins les lois pour le président et pour la France que pour soi-même.

Or, savez-vous pourquoi on ne peut mettre nos mandataires en accusation que par l'assentiment de la chambre ? C'est pour condamner les défenseurs du peuple, et pour sauver la réaction et les rogneurs de budgets.

Or, pourquoi la chambre est elle en permanence ? C'est pour toucher continuellement les 25 francs par jour, quand même on serait plus riche qu'un Rothschild ; mais comme le plus grand nombre sont assez riches pour y renoncer, et que s'ils y renonçaient on ne pourrait plus disposer de la majorité pour voter le budget, loin de rétablir la confiance, la corruption fait des progrès.

222

Savez-vous pourquoi les *honnêtes* gens sont rares ? Parce qu'il est difficile de faire le bien avec l'exemple du mal, et parce qu'on est bientôt ruiné quand on ne trompe jamais et qu'on nous trompe toujours, et parce que les gens de bien ne se présentent jamais de leur propre mouvement comme candidats. Mais comme les plus rusés se couvrent du manteau d'hommes de bien pour mieux tromper le public, qui voudrait croire que l'on reconnaît le degré de probité et de friponnerie, dans les proportions qu'on approuve ou qu'on désapprouve les moyens de ne donner que tout juste, et les moyens de rétablir la confiance; par la raison qu'on ne peut plus faire abus de son pouvoir ni se vendre, ni tromper personne, quand on connaît les recettes et les dépenses, et quand on délivre des cartes de sûreté à tout le monde.

223

Un roi ou un *président* qui aurait le bon esprit de prendre pour bras droit le plus juste et le plus capable pour résoudre toutes les questions politiques et sociales, bien que l'incapacité serait en haut et le mérite au bas de l'échelle, non-seulement il serait inviolable et sacré, mais il serait considéré de tous les peuples de la terre comme le sauveur de l'humanité.

224

Voulez-vous avoir une idée des deux extrêmes de l'*esprit*, demandez aux sauvages les plus stupides s'ils voudraient payer plus d'impôts que la valeur de la marchandise, ou s'ils voudraient payer sans compter pour armer leurs enfants contre eux, ou s'ils voudraient croire qu'un seul homme peut travailler à la ruine et à la destruction de millions d'hommes. Ensuite, pour savoir si les deux extrêmes se touchent, demandez aux peuples qui passent pour les plus éclairés, s'ils connaissent le créateur de toutes choses, s'ils savent où le mal commence et finit, s'ils peuvent résoudre toutes les questions politiques et sociales, s'ils ont trouvé le moyen de convertir le plus mauvais sujet et les moyens de rendre les hommes plus heureux et meilleurs sans nuire à qui que ce soit, et s'ils croient que les peuples sans armes sont plus forts qu'avec des armes, et s'ils croient qu'ils finiront par s'incliner devant notre belle France comme le foyer des lumières.

225

On *défend* l'abus du pouvoir comme on défend sa patrie, avec cette différence, que l'on ne défend l'abus du pouvoir que pour des places ou de l'argent, et que l'on défend le plus digne, et sa patrie, sans aucune espèce d'intérêt que celui d'être utile à tout le monde.

226

Soit de puissance à puissance, soit du peuple au gouvernement ou entre nous, qui voudrait croire que la *victoire* remportée avec la force brutale est une défaite?

Défaite pour les conquérants, parce que toutes

les puissances font cause commune, pour renverser le plus fort qui les tyrannise.

Défaite pour les vainqueurs de barricades, parce que les conséquences font frémir d'horreur.

Défaite pour les peuples, parce qu'ils payent sans compter, et parce qu'ils s'empressent de servir l'abus du pouvoir qui arrive, soit pour des places ou de l'argent; défaite pour les peuples, parce qu'il faut prendre sur l'un pour mettre sur l'autre, et que c'est pour cette raison qu'ils sont jaloux les uns des autres et qu'ils se craignent et se maudissent.

Défaite entre nous, parce qu'on protége le faible contre le fort qui fait abus de son pouvoir et qu'il a contre lui l'indignation publique.

Tandis qu'une défaite remportée avec la force morale est une victoire pour tout le monde, puisqu'il n'y a ni bonheur ni bien réel pour personne sans un principe de moralité.

227

On ne devrait rien accorder aux *solliciteurs*, ni aux hommes qui se présentent de leur propre mouvement comme candidats, et voici pourquoi; parce que satisfaire à une demande, c'est un vol fait à la justice et à la bonté.

Parce que l'honnête homme ne sollicite pas pour être subordonné à des brebis galeuses quand on ne rend pas justice, et qu'il est inutile de solliciter quand elle est rendue.

Parce que les bons soldats ne recherchent pas
plus les officiers que les bons ouvriers recherchent les maîtres ; au contraire, ce sont les officiers qui recherchent les bons soldats, comme les
maîtres sont toujours à la recherche des bon sujets. Mais comme les électeurs devraient recher-
cher les plus dignes pour gérer leurs biens, et
qu'il n'y aurait plus de mendiants si on ne don-
nait que tout juste et si on rendait justice à tout
le monde et sans passe-droit, on verrait disparaître l'abus du pouvoir, les partis différents, l'a-
narchie, les solliciteurs et les révolutions, si on ne
payait plus sans compter.

228

La seule *égalité* possible vient du bon sens et
de l'étal normal que nous possédons en naissant,
dont le riche n'est pas plus favorisé que le pauvre, soit en naissant, pendant la vie ou après la
mort.

Mais comme le bon sens c'est la bonne foi qui
fait l'esprit de conduite, quiconque est dépourvu
de ces qualités, fût-il un Crésus, président ou
empereur, il n'y a pour lui ni bonheur ni bien
réel sur la terre, soit dans l'ordre voulu comme
dans l'ordre renversé.

229

La *question* la plus digne de toutes nos recher-
ches, c'est qu'il n'y a que deux choses sur toute
la surface du globe, les choses physiques et les

choses morales ; mais comme on ne peut conserver les choses physiques sans moralité, voyez le
pouvoir qui travaille à la ruine, à la destruction
et à la corruption des peuples avec les deniers publics, par comparaison à celui qui pense moins
pour lui que pour nous.

Voyez cette justice qui condamne la vertu et le
fait innocent pour sauver la cause du mal, par
comparaison à cette justice sans bourse délier et
qui punit le mal et récompense le bien sans passe-
droit.

Voyez cette force brutale comme les bêtes féroces, par comparaison à cette force morale qui
gagne les cœurs et qui ramène les esprits par la
douceur ; et puis, voyez cette vérité qui irrite les
esprits sans pouvoir rien changer, en se bornant
à montrer le mal, par comparaison à cette vérité
qui peut tout changer en indiquant où le mal
commence et finit ; or, loin de respecter la chose
jugée, ne serait-on pas tenté de croire que ceux
qui gouvernent sont nos bourreaux sous le mas-
que du père du peuple, comme la justice c'est le
crime sous la figure du bon Dieu.

250

Nos rogneurs de budget sont bien loin de croire
que c'est précisément l'*argent* qu'ils prélèvent
pour se soutenir qui les fait tomber, puisque c'est
le superflu de l'argent qui fait naître les partis
différents, les solliciteurs, l'anarchie, les émeu-

tes, les révolutions, et l'envie d'arriver au pouvoir, soit pour reprendre son bien ou pour s'enrichir aux dépens des contribuables qui se révoltent contre l'abus du pouvoir. Ainsi, soit pour les peuples comme pour ceux qui les gouvernent, la question est de savoir si on peut travailler à sa perte avec connaissance de cause; car, à quoi bon armer son bras pour renverser l'abus du pouvoir, quand on a pour soi la force du juste, le refus de l'impôt, l'indignation publique et la nécessité qui n'a pas de loi; puisque la plus petite de ces choses fait que les peuples sont plus forts sans armes que tous les rois coalisés avec leur épouvantable artillerie.

231

Il y a des *lois* pour condamner le crime et récompenser la vertu; mais comme il y en a qui condamnent la vertu pour sauver le crime, il arrive que les lois qui existent pour tout le monde n'existent pour personne.

232

Pour rendre *justice* sans passe-droit, il faudrait y mettre pour condition que nul ne pourra être condamné, dès l'instant qu'il pourra prouver qu'un tel au-dessus de lui a commis la même faute, ou un plus grand crime sans être puni de la même peine : par ce moyen, chacun étant responsable de ses actions, il est évident que les plus riches et ceux qui gouvernent donneraient l'exemple du bien, si on pouvait contrôler les actions et le budget.

233

On dit qu'un *démenti* vaut un soufflet; mais comme on ne peut donner ni recevoir un soufflet sans avoir recours à l'épée ou au pistolet, quel désordre et quel supplice, quand on ne peut supporter le mensonge ni la vérité, et quand on ne peut faire ni le bien ni le mal sans payer l'amende, ou sans passer par la main du geôlier ou du bourreau !

234

Le meilleur des gouvernements est celui qui prélève le moins d'*impôts*.

Mais, comme on payait 800 millions sous Louis XVI, un milliard sous l'Empereur, 1,200 millions sous Louis XVIII, 1,400 millions sous Charles X, 1,600 millions sous Louis-Philippe, et qu'on a doublé la dette publique et les impôts depuis qu'on a proclamé la République, souillée de crimes, d'horreur et de sang, faites une seconde révolution de force brutale, il ne vous restera que des assignats et des yeux pour pleurer.

235

On dit que le *socialisme* est un fait accompli ; mais, pour savoir si c'est un mensonge ou une vérité, tâchez d'organiser le travail sans proclamer les moyens de rétablir la confiance, et sans pro-

clamer les moyens de ne donner que tout juste
pour payer les dépenses utiles de l'État.

256

Pour avoir une idée combien l'*anarchie* est à
son comble, soit par vengeance, soit pour reprendre son bien, soit pour avoir des places , ou pour
arriver au pouvoir et remplir ses poches,

Supposons que les 35 millions de Français fi-
nissent par porter tout leur argent dans un lieu
commun, où chacun pourrait puiser suivant ses
besoins, écartant les plus timides, les plus faibles,
les plus pauvres et les moins dangereux ; et laissant pénétrer les plus forts, les plus riches, les
plus rusés et les plus audacieux, savez-vous ce que
vous faites en faisant une boucherie des malheureux qui paient et qui souffrent ? Vous en faites
des Spartiates au passage des Thermopyles, car
quel est l'homme qui voudrait se rendre pour être
proscrit ou condamné aux galères à perpétuité ?

Autrement, n'ayant rien à prendre ni à reprendre, en ne donnant que tout juste, on voit disparaître l'abus du pouvoir, les solliciteurs, les partis
contraires, la force brutale, l'anarchie, les émeutes, les révolutions, et l'on voit renaître la confiance, sans laquelle il n'y a ni bonheur, ni bien
réel sur la terre.

257

Ce n'est pas contre la propriété ni contre la
France qu'on a fait des *barricades*, mais bien

contre l'abus du pouvoir qui a ruiné le plus grand nombre, et qui a détruit la confiance sans laquelle pas de commerce ni de travaux, et qui a doublé la dette publique et les impôts, et qui a fait main-basse sur les caisses d'épargnes, dépôt sacré des travailleurs.

258

Le pouvoir qui double la dette publique et les *impôts* est un homme qui a beaucoup d'argent, dont tous les solliciteurs et les voleurs des deniers publics sont en route pour le dévaliser; tandis que le pouvoir qui ne prélève que tout juste est un pauvre diable, tout le monde vient à son secours par des dons patriotiques.

259

On dit que la peine de mort est abolie en fait de délits politiques. Mais, comme c'est une vertu que de s'opposer à ceux qui nous pillent et qui nous tyrannisent, et que l'on ne peut s'y opposer sans être mitraillé par la force brutale, ou sans être proscrit ou condamné aux galères à perpé-tuité, supplice cent fois pire que la mort, l'aboli-tion de la peine de *mort* est un subterfuge ou un mensonge.